Nous sommes en 1839. M...
ans. Ses parents sont mo...
avec son oncle et sa tant...
et parler allemand. Mais...

> ...rie est très belle.
> ...beaux cheveux noirs!

> Elle est très intelligente.
> Je voudrais me marier avec elle,
> mais elle n'est pas assez riche.

| | |
|---:|---|
| morts | dead |
| allemand | German |
| me marier | marry |
| pas assez riche | not rich enough |

Un jour, Marie rencontre un jeune homme.
Il a vingt-huit ans. Il est assez beau
et assez bien habillé. Il s'appelle Charles Lafarge.
Il dit qu'il a un château dans le Limousin.

| | |
|---|---|
| rencontre | meets |
| assez bien habillé | quite well dressed |
| une peinture | a painting |
| mon château | my stately home |
| un jet d'eau | a fountain |

Quelques jours plus tard, Charles demande Marie en mariage. Marie trouve que c'est trop rapide. Mais son oncle et sa tante insistent.

Une semaine plus tard, Charles et Marie se marient. Son oncle et sa tante sont très contents.

---

| | |
|---:|:---|
| quelques jours plus tard | a few days later |
| voulez-vous m'épouser? | will you marry me? |
| une semaine plus tard | a week later |
| se marient | get married |

Le jeune couple quitte Paris pour retourner dans le Limousin. Le voyage dure trois jours.

Marie est contente. Elle pense au beau château de Charles.

Mais Charles est inquiet.

| | |
|---:|:---|
| le voyage dure | the journey lasts |
| inquiet | worried |
| j'ai menti | I lied |
| le beau salon | the beautiful sitting room |

Le troisième soir, ils arrivent au Glandier.
Marie voit une grande maison triste et laide.
Deux femmes attendent devant la porte.

---

| | |
|---:|:---|
| troisième | third |
| triste | sad, depressing |
| laide | ugly |
| des domestiques | servants |

Le lendemain matin, quand Marie se réveille,
elle va à la fenêtre. Elle regarde le jardin.
Il n'y a pas de fleurs. Il n'y a pas de jet d'eau.
Mais il y a beaucoup de poules et de vaches.

Dans sa chambre, tout est sale et cassé.
Il y a des bruits étranges.

| | |
|---:|---|
| le lendemain matin | the next morning |
| se réveille | wakes up |
| beaucoup de poules | a lot of chickens |
| et de vaches | and cows |
| sale et cassé | dirty and broken |
| des bruits étranges | strange noises |

Partout dans la maison, tout est sale. Dans la salle à manger, la table et les chaises sont cassées. Les murs et les rideaux sont sales.

Marie entend des bruits. Elle pousse la porte. C'est la chambre de sa belle-mère. Il y a des oies dedans!

Oh! Des oies, dans la maison. Quelle horreur!

| | |
|---:|:---|
| partout | everywhere |
| les murs | the walls |
| les rideaux | the curtains |
| sa belle-mère | her mother-in-law |
| des oies | geese |
| dedans | inside |

Un mois passe. Il pleut. Il fait froid. Marie essaie de réparer un peu. Les autres femmes se moquent d'elle.

Charles est souvent absent. Marie est très triste. Dans son journal elle écrit: «Je voudrais m'empoisonner avec de l'arsenic.»

| | |
|---:|:---|
| réparer un peu | to do small repairs |
| se moquent d'elle | laugh at her |
| souvent | often |
| son journal | her diary |
| ce n'est pas la peine | it's not worth it |

Et... il y a toujours des rats. La nuit, Marie les entend dans sa chambre. Elle a peur. C'est affreux!

Finalement, elle décide d'acheter du poison pour tuer les rats. Elle va chez le pharmacien.

---

c'est affreux   it's awful
tuer   to kill
le pharmacien   the chemist

En décembre, Charles va à Paris.

Marie lui envoie un gâteau. Charles en mange un peu, mais il tombe malade. Il vomit.

Charles rentre au Glandier. Mais il est toujours malade.

On appelle le médecin. Une semaine passe. Charles ne va pas mieux. Le médecin revient.

| | |
|---:|:---|
| lui envoie | sends him |
| il tombe malade | he falls ill |
| mal au ventre | stomach ache |
| de la fièvre | a fever |
| un médicament | medicine |

La mère de Charles garde la soupe.

Quelques jours plus tard, elle envoie la soupe au pharmacien. Il fait des analyses. Il y a des traces d'arsenic.

---

| | |
|---:|---|
| cette poudre blanche | this white powder |
| garde | keeps |
| il fait des analyses | he does some tests |

En janvier, Charles est très, très malade.

Il appelle Marie. Mais Marie ne peut pas venir. Elle est enfermée dans sa chambre.

Après une longue agonie, Charles meurt le 14 janvier.

| | |
|---:|:---|
| enfermée | locked |
| meurt | dies |
| coupable | guilty |

La mère de Charles tire les rideaux, puis elle arrête les pendules. La sœur de Charles couvre tous les miroirs, elle met des cierges partout.
Puis elles appellent la police.

Les gendarmes arrivent. Ils arrêtent Marie. Ils l'emmènent en prison.

| | |
|---:|---|
| tire les rideaux | draws the curtains |
| arrête les pendules | stops the clocks |
| couvre les miroirs | covers the mirrors |
| des cierges | candles |
| l'emmènent | take her |
| elle a tué | she has killed |

# Le procès

## *La défense*

> Je suis médecin. Il y cinq ans, Monsieur Lafarge avait des vomissements. Il était déjà malade d'un cancer.

> Je suis scientifique. Il y a un peu d'arsenic dans tout corps humain.

> Quelqu'un d'autre a mis de l'arsenic dans la soupe.

> L'arsenic était pour tuer les rats.

> Symptômes d'empoisonnement: .....diarrhée..... Non! Mort rapide..... Non!.....Beaucoup de sang..... Non!

---

| | |
|---:|:---|
| le procès | trial |
| des vomissements | vomiting |
| déjà | already |
| dans tout corps humain | in every human body |
| quelqu'un d'autre a mis | someone else put |
| beaucoup de sang | lots of blood |

**L'accusation**

Et toi, qu'en penses-tu?
Marie Lafarge est-elle innocente ou coupable?

---

l'accusation   prosecution

Voici quelques vieux titres de journaux au sujet de l'affaire Lafarge. Complète-les pour trouver le résultat du procès.

titres de journaux   newspaper headlines